Волшебные сказки

The Magic Fairy Tales

Bilingual Book in Russian and English

by Svetlana Bagdasaryan

Принцесса Златовласка
The Princess Goldilocks

Жил-был на свете король. Однажды пришла к нему незнакомая старуха, принесла рыбу и сказала:

- Прикажи приготовить эту рыбку и съешь её сегодня за обедом. Тогда ты будешь понимать всё, что говорят звери, птицы, рыбы и насекомые.

Король щедро заплатил старухе, позвал своего слугу Михаила и приказал ему приготовить рыбу к обеду.

- Только не вздумай сам попробовать, - сказал король, - а то не сносить тебе головы.

Михаил взял рыбу и понёс её на кухню. «Нет уж, будь что будет, а я попробую, что это за рыба», - решил он.

* * *

Once upon a time there lived a king. One day, an old woman came to him, bringing a fish for him and saying, "Order to prepare this little fish and eat it today for dinner. Then you will understand everything that animals, birds, fishes and insects say."

The king generously paid the old woman, called servant Mikhail and ordered him to prepare fish for dinner.

"Just don't try it yourself," the king said, "If you do, you will be beheaded."

Mikhail took the fish to the kitchen. *I know better, whatever happens, happens. I will try it to see what kind of fish it is*, he decided.

Когда рыба была готова, Михаил отщипнул маленький кусочек и проглотил его. В ту же минуту он стал понимать, о чём беседуют куры во дворе.

Как ни в чём не бывало отнёс юноша блюдо в королевские покои и поставил на стол. После обеда король приказал Михаилу подать кубок вина. Михаил взял кувшин и стал наливать вино. В это время в открытое окно влетела птичка. Она держала в лапках три золотых волоска. За ней гналась другая птичка и щебетала:

- Отдай, отдай! Они мои, а не твои!

- Зато я первая заметила, как они упали на пол, когда принцесса Златовласка расчёсывала свои кудри.

* * *

When the fish was ready, Mikhail pinched off a small piece of it and swallowed it. The same minute he started understanding what hens in the yard were talking about.

Pretending that nothing happened the young man carried the dish into the royal quarters and put it on the table. After the dinner, the king ordered Mikhail to serve a goblet of wine. Mikhail took the pitcher and began pouring the wine. At this time a birdie flew into the open window. It was holding three gold hairs in its feet. Another birdie was pursuing it and twitted, "Give them back, give them back! They are mine, not yours!"

"But I was the first to notice how they fell to the floor when princess Goldilocks combed her curls."

Тут вторая птичка налетела на первую и стала вырывать у неё добычу.

Михаил заслушался птиц и не заметил, как пролил вино на стол. Кончилось тем, что птичкам досталось по волоску, а третий волосок упал и, ударившись об пол, зазвенел, как чистое золото. Догадался король, что Михаил тоже понимает язык птиц, и крикнул:

- Ты пролил вино, потому что слушал, о чём спорят птички! Завтра же тебя повесят.

- Ах, милостивый король! - воскликнул Михаил. - Пощадите меня!

* * *

Then the second birdie attacked the first one and began to pull the trophy away from it.

Listening to the birds, Mikhail did not notice how he spilled the wine on the table. At the end, each birdie got one hair, and the third hair fell, and as it hit the floor it jingled, as if it was made of pure gold. The king guessed that Mikhail also understands the birds' language and shouted out, "You spilled the wine because you were listening to what the birdies were arguing about! Tomorrow you will be hanged."

"Oh gracious king!" Mikhail exclaimed. "Have mercy on me!"

- Разве я не запретил тебе пробовать волшебную рыбу? - спросил король. - Да уж ладно, разыщи принцессу Златовласку и приведи её ко мне во дворец. Тогда я тебя помилую.

Оседлал Михаил коня, взял мешок с едой и кошелёк с деньгами и поехал, куда глаза глядят. Посмотрел - на опушке леса куст горит, а под ним муравейник.

- Михаил, помоги нам! - закричали муравьи.

Михаил соскочил с коня и затоптал огонь.

- Спасибо тебе, Михаил, - сказали муравьи. - Если понадобится помощь, ты только подумай о нас.

* * *

"Didn't I forbid you to taste the magic fish," the king asked. "Fine, find princess Goldilocks and bring her to my palace. Then I will pardon you."

Mikhail saddled a horse, took a bag of food and a purse with money and went where his legs would carry him. Suddenly at the edge of the forest he saw a burning bush, and an ant hill under it.

"Mikhail, help us!" ants shouted.

Mikhail jumped from the horse and put out the fire.

"Thank you, Mikhail," the ants said. "If you ever need help just, think about us."

Засмеялся Михаил и поехал дальше. Подъехал он к высокой ели и услышал, как пищали два вороненка:

- Помоги, Михаил! Накорми нас, пожалуйста!

Михаил отвязал от седла мешок с едой и бросил его воронятам.

- Спасибо тебе, Михаил, - закаркали воронята. - Если трудно тебе придётся, подумай о нас.

Выехал Михаил на берег моря и увидел двух спорящих рыбаков, которые не могли поделить пойманную рыбку.

- Я вас помирю, братцы, - сказал Михаил. - Продайте мне вашу рыбку, а деньги поделите поровну.

* * *

Mikhail laughed and rode further. He approached a high fir-tree and heard that two little crows were squeaking, "Help, Mikhail! Feed us please!"

Mikhail untied his bag from the saddle and threw the food from it to the little crows.

"Thank you, Mikhail," croaked the little crows. "If you are ever in trouble, just think about us."

Mikhail came to the seashore and saw two arguing fishermen who couldn't split a small fish they had caught.

"I will reconcile you, brothers," Mikhail told. "Sell me your fish, and split the money equally."

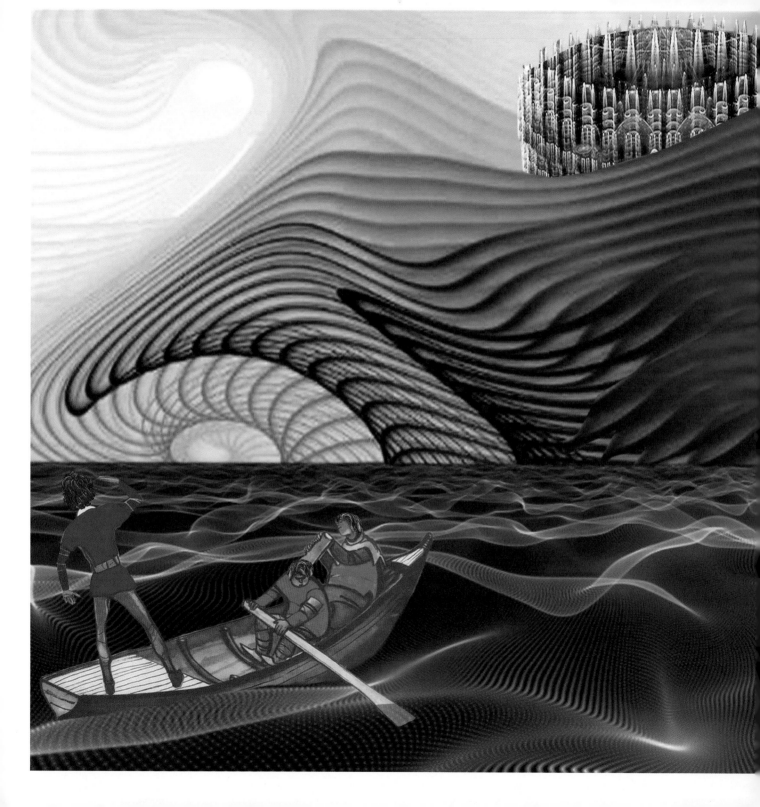

Он отдал рыбакам все свои деньги, а рыбку выпустил в море. Она весело плеснула хвостом и сказала:

- Спасибо тебе, Михаил! Если понадобится когда-нибудь помощь, вспомни обо мне.

А рыбаки узнали у Михаила, куда он путь держит, и отвезли его на остров, где в хрустальном дворце жила со своим отцом и сестрами Златовласка.

Пришел Михаил в хрустальный дворец, поклонился и попросил короля отдать Златовласку замуж за своего господина.

- Не знаю, стоит ли твой господин такой невесты, как моя дочка, - ответил король. - Но если выполнишь три моих задания - отдам дочку за твоего короля, а не выполнишь - прикажу казнить тебя.

* * *

He gave all of his money to the fishermen, and released the small fish back to the sea. It cheerfully splashed its against the water tail and said, "Thank you, Mikhail! Whenever you need help, remember about me."

And fishermen learned from Mikhail where he was headed, and took him to the island where Goldilocks lived in a crystal palace with her father and sisters.

Mikhail came to the crystal palace, bowed and asked the king to let Goldilocks marry his master.

"I don't know whether your master is worth a bride such as my daughter," the king answered. "But if you complete my three tasks - I will give my daughter to your king, and if you don't - I will order to execute you."

На другой день утром король сказал Михаилу:

- Было у моей дочери жемчужное ожерелье, но нитка оборвалась, и рассыпались жемчужины по зелёной лужайке. Ступай и собери их.

Пришёл Михаил на лужайку - попробуй-ка разыскать жемчужины!

«Тут муравьём надо быть», подумал юноша. Не успел Михаил моргнуть, как муравьи притащили к его ногам жемчужины, все до одной. Поблагодарил Михаил муравьёв и понёс жемчуг королю.

Удивился король, что Михаил так быстро разыскал все жемчужины.

- Вот тебе другое задание, - сказал король. - Купалась моя дочка в море и обронила драгоценный перстень. Найди-ка его да принеси.

* * *

The next day in the morning the king told Mikhail, "My daughter had a pearl necklace, but the thread tore apart, and the pearls scattered all over a green lawn. Go and gather them."

Mikhail went to the lawn trying to find the pearls!

Here you have to be an ant, the young man thought. Mikhail even did not have time to blink when the ants dragged all of the pearls to his feet. Mikhail thanked the ants and took the pearls to the king.

The king was surprised that Mikhail had found all of the pearls so fast.

"Here is another task for you," said the king. "My daughter was swimming in the sea and dropped a precious ring. Find it and bring it to me."

Пришёл Михаил к морю и подумал: «Рыбкой надо быть, а не человеком, чтобы такую задачу решить».

Не успел Михаил моргнуть - а рыбка тут как тут и выносит ему перстень. Поблагодарил Михаил рыбку и понёс перстень королю.

Похвалил его король, а назавтра задал юноше новое задание.

- Раздобудь теперь, - сказал король, - мне живой и мёртвой воды.

Пошел Михаил, сам не знает куда. Только вещий ворон знает, где можно эту воду найти. Едва он это подумал, как прилетели к нему воронята с двумя пузырьками: в одном живая вода, в другом - мёртвая. Поблагодарил их Михаил и понёс оба пузырька во дворец.

* * *

Mikhail came to the seashore and thought, *you have to be a fish, but not a human, to complete such a task.*

Mikhail even did not have time to blink - as the small fish brought the ring to him. Mikhail thanked the small fish and took the ring to the king.

The king thanked him, and for the next day set a new task for the young man.

"Now find," said the king, "the water of life and the water of dead for me."

Mikhail didn't know where to go. Only the prophetic crow knew where to find this water. He just thought about it as little crows flied over to him with two vials: in one there was the water of life, and in the other - the water of dead. Mikhail thanked them and took both vials to the palace.

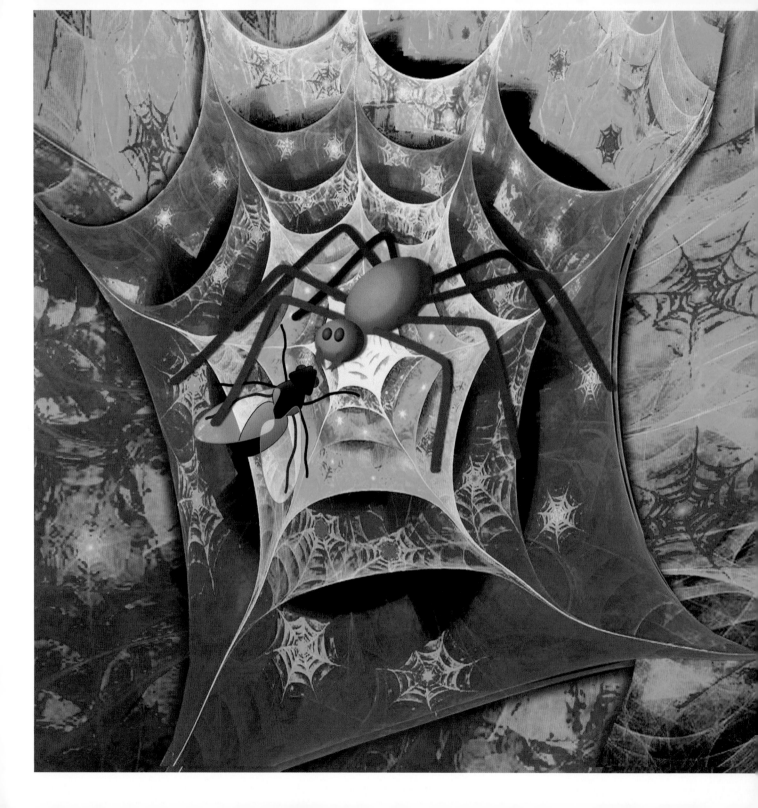

Вышел он на опушку леса и остановился: между двух деревьев черный паук сплел паутину, поймал в нее муху, убил и сосет мушиную кровь. Брызнул Михаил на паука мертвой водой. Паук тут же умер.

Михаил побрызгал муху живой водой. Она ожила, забила крылышками, зажужжала, разорвала паутину и улетела. А улетая, сказала Михаилу:

- На свое счастье ты меня спас. Я тебе помогу.

Пришел Михаил к королю с живой и мертвой водой. Удивился король, взял Михаила за руку, повел в белый зал с золотым потолком.

* * *

He came to an edge of the forest and stopped: between two trees a black spider weaved a web; he caught a fly with it, killed it and was sucking the fly's blood. Mikhail sprinkled the dead water on a spider. The spider died right away.

Mikhail sprinkled the water of life on the fly. It recovered, beat its wings, buzzed, broke off the web and flew away. And while flying away, it told Mikhail, "You are lucky that you rescued me. I will help you."

Mikhail came to the king with the water of life and the water of death. The king was surprised, and he took Mikhail's hand, and escorted him to a white hall with a gold ceiling.

Посреди зала стоял круглый хрустальный стол. За ним стояли двенадцать красавиц. Они были так похожи, что Михаил не знал, как он найдет принцессу Златовласку! На всех принцессах были одинаковые длинные платья, а на головах - одинаковые шали, закрывающие волосы.

- Ну, выбирай, - сказал король. - Угадаешь - твое счастье! А нет - уйдешь отсюда один, как пришел.

Михаил поднял глаза и вдруг услышал, что что-то жужжало у самого уха.

- Ж-и-и-и, иди вокруг стола. Я тебе подскаж-жу.

* * *

There was a round crystal table in the middle of the hall. Twelve beautiful ladies were standing around it. They were so alike, that Mikhail didn't know how to find princess Goldilocks. All princesses had identical long dresses and shawls covering hair on their heads.

"Well, choose," said the king. "If you guess right - you are lucky! Otherwise - you will leave alone as you came here."

Mikhail raised his eyes and suddenly heard that something was buzzing near his ear.

"Zzzzzz, go round a table. I will lead you."

Михаил увидел летающую над ним муху. Михаил медленно пошел вокруг стола, а принцессы сидели потупивши взгляд. А муха жужжала и жужжала:

- Не та! Не та! Не та! А вот эта - принцесса Златовласка!

Михаил остановился, прикинулся, будто еще сомневается, потом сказал:

- Вот принцесса Златовласка!

- Твое счастье! - крикнул король.

Принцесса быстро вышла из-за стола, сбросила шаль, и золотые волосы рассыпались у нее по плечам. Сразу же весь зал заиграл таким блеском от этих волос, что казалось, солнце отдало весь свой свет волосам принцессы.

* * *

Mikhail saw the fly flying above him. Mikhail slowly went around the table, while princesses stood looking down. And the fly buzzed and buzzed, "Not that one! Not that one! Not that one! And this one is princess Goldilocks!"

Mikhail stopped, pretended to be in doubt and then said, "Here is princess Goldilocks!"

"You are lucky!" the king shouted.

The princess quickly left the table, dumped the shawl, and her golden hair scattered on her shoulders. At once all the hall playfully sparkled from the gloss of her hair, and it seemed, the sun gave all of its light to the hair of the princess.

- Справился ты со всеми заданиями, - сказал король-отец, - отдам дочку замуж за твоего господина.

Повез Михаил невесту своему господину. Всю дорогу берег ее, следил, чтобы не спотыкался ее конь, чтобы холодная капля дождя не упала на ее плечи.

Привёз Михаил Златовласку во дворец своего короля. Обрадовался король, не насмотрится на красавицу-невесту с золотыми волосами. Сейчас же приказал готовиться к свадьбе, а Михаила поблагодарил, простил и сделал своим главным советником.

* * *

"You handled all the tasks," the king-father said, "I will let my daughter marry your master."

Mikhail was accompanying the bride to the master. All the way he protected her, watched that her horse didn't stumble and a cold drop of rain didn't fall on her shoulders.

Mikhail brought Goldilocks to the palace of his king. The king was delighted. He couldn't stop looking at the beautiful bride with golden hair. Right away he ordered to prepare the wedding, and he thanked Mikhail, forgave him and made him his chief advisor.

Принцесса хрустальной горы
The Princess of the Crystal Mountain

Давным-давно на вершине хрустальной горы стоял замок из чистого золота, а перед замком росла яблоня с золотыми яблоками.

Сорвавший яблоко мог войти в Золотой замок, а там в серебряной комнате сидела заколдованная принцесса удивительной красоты. Она была не только прекрасна, но и очень богата; подвалы ее замка были полны драгоценных камней, и большие сундуки золота стояли вокруг стен во всех комнатах.

* * *

Once upon a time there was a Crystal Mountain at the top of which stood a castle made of pure gold, and in front of the castle there grew an apple-tree on which there were golden apples.

Anyone who picked an apple could enter the golden castle, and there in a silver room sat an enchanted Princess of surpassing beauty. She was as rich too as she was beautiful, for the cellars of the castle were full of precious stones, and great chests of the finest gold stood round the walls of all the rooms.

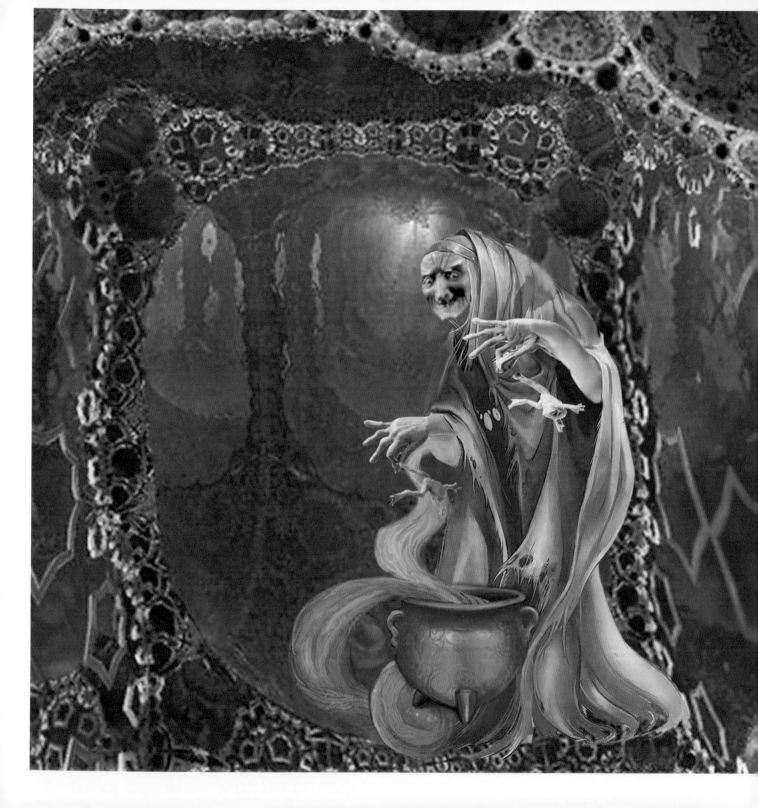

Семь лет назад злая ведьма заколдовала принцессу так, что она навсегда должна была остаться одна в этом замке, если за семь лет никто не дал бы ей волшебное яблоко с дерева, которое росло перед замком.

Многие рыцари приезжали издалека, чтобы попытать счастье, но зря они пытались взобраться на гору.

Прекрасная принцесса сидела у окна и смотрела на смелых рыцарей, пытающихся добраться до нее на своих великолепных лошадях. Ее образ всегда придавал мужчинам мужество, и они стекались со всех концов света, чтобы попытаться освободить ее.

* * *

Seven years ago, a wicked witch cast a spell on the Princess that would have caused her to stay forever alone in this castle if in seven years nobody served her a magic apple from a tree growing in front of the castle.

Many knights had come from afar to try their luck, but they attempted to climb the mountain all in vain.

The beautiful Princess sat at her window and watched the bold knights trying to reach her on their splendid horses. The sight of her always gave men fresh courage, and they flocked from the four quarters of the globe to attempt to rescue her.

Но напрасно почти семь лет принцесса сидела и ждала, что кто-то взберется на Хрустальную гору. Никому не удавалось добраться до вершины горы.

Несмотря на то, что их лошади были подкованы острыми гвоздями, никто не мог пройти больше половины пути, и все они падали вниз с крутой и скользкой горы. Иногда они ломали руки, иногда ноги, а многие смельчаки даже ломали шею.

Может быть, именно поэтому с каждым годом все меньше и меньше претендентов пытались спасти принцессу.

* * *

But all in vain, and almost for seven years, the Princess had sat now and waited for someone to scale the Crystal Mountain. Nobody succeeded in reaching the top of the mountain.

In spite of having their horses shod with sharp nails, no one managed to get more than half-way up, and then they all fell back right down to the bottom of the steep slippery hill. Sometimes they would break an arm, sometimes a leg, and many a brave man had even broken his neck.

Maybe that is why year after year less and less challengers tried to rescue the princess.

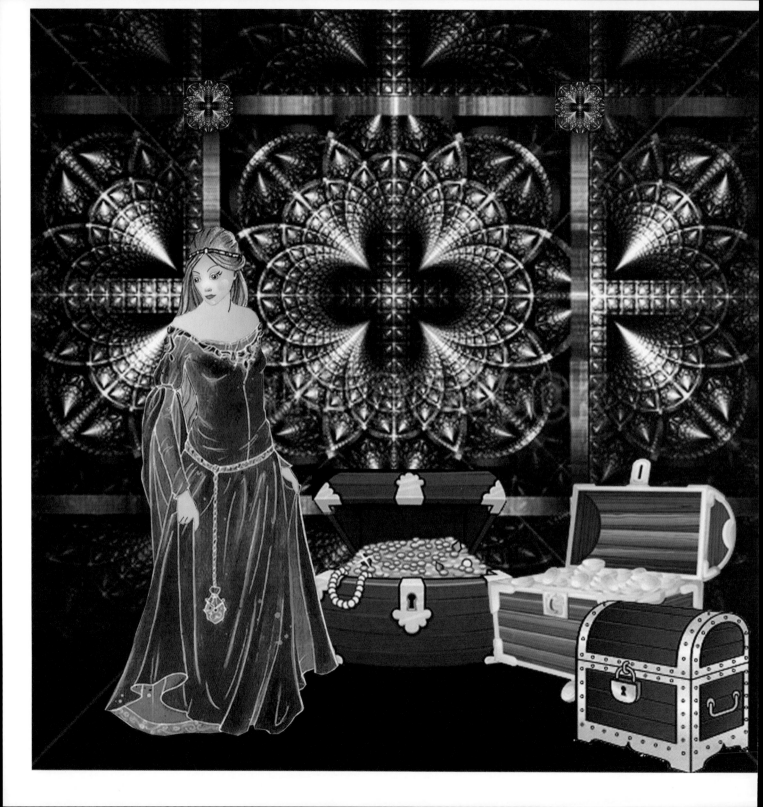

Так прошло семь лет, и все решили, что вряд ли кому-либо удастся покорить Хрустальную гору.

Принцесса почти примирилась с мыслью, что останется навсегда пленницей Хрустальной горы, когда у подножья появился веселый сильный и добросердечный парень по имени Павел. Он знал, сколько рыцарей сломали свои шеи понапрасну, но без колебаний начал восхождение на гору.

Издавна Павел слышал о прекрасной принцессе, которая сидела в золотом замке на вершине Хрустальной горы. Наконец он решил и сам попытать счастье.

* * *

Seven years had passed, and everyone decided that hardly anyone would be able to subdue the Crystal Mountain.

The Princess almost came to terms with the idea that she would remain locked in the Crystal Mountain forever when on the foot of the mountain there appeared a strong, merry and kindhearted youth, named Paul. He knew how many knights had broken their necks in vain, but undaunted he began the ascent.

For long he had heard about the beautiful Princess who sat in the golden castle at the top of the Crystal Mountain. Finally he determined that he too would try his luck.

По дороге к Хрустальной горе в дремучем лесу он увидел детеныша рыси, попавшего в силки. На дереве над детенышем сидела его мать и просила о помощи. Павел освободил детеныша. Обрадованная рысь спросила его:

- Как я могу тебя отблагодарить?

- Я собираюсь подняться на Хрустальную гору и освободить принцессу. Ты можешь помочь мне?

- Возьми мои острые и крепкие когти: они помогут тебе.

Павел взял когти и отправился к горе.

* * *

On the way to the Crystal Mountain, in the dark forest he saw the lynx's cub stuck in a trap. His mother was sitting on the tree above the cub, and she was asking for help. Paul freed the cub. The happy lynx asked him, "How can I thank you enough?"

"I am going to climb up the Crystal Mountain to rescue the Princess. Can you help me?"

"Take my sharp and strong claws: they will help you."

Paul took the claws and went towards the mountain.

Вооруженный острыми когтями, Павел смело начал восхождение на Хрустальную гору.

Солнце почти село, но он не прошел еще и половины пути. Павел был настолько изнеможден, что с трудом дышал, и его рот пересох от жажды.

Огромное черное облако проплыло над его головой, но напрасно он молил, чтобы хоть капля воды упала на него. Черные облака проплыли мимо, и ни одна капля не смочила его сухие губы.

Его ноги были изранены и кровоточили, и теперь он держался за гору только руками.

* * *

Armed with sharp claws, Paul boldly started ascending the Crystal Mountain.

The sun nearly went down, but he had not gotten more than half-way up. Paul was so exhausted that he could barely breathe and his mouth was parched by thirst.

A huge black cloud passed over his head, but in vain did he beg to let a drop of water fall on him. The black clouds sailed past, and not a single drop of dew moistened his dry lips.

His feet were torn and bleeding, and now he could only hold on to the mountain with his hands.

Наступил вечер, и он напряг свои глаза, чтобы посмотреть, не видна ли вершина горы. Было очень темно, и только звезды освещали Хрустальную гору.

Бедный мальчик все еще держался, как будто приклеенный к хрусталю окровавленными руками. Он не делал попыток подняться наверх; силы покинули его, и, не видя никакой надежды, он спокойно ожидал смерти.

Вдруг он впал в глубокий сон, забыв об опасности. Но даже во сне он вонзал острые когти так прочно в хрусталь, что не падал. Ему снился сон о том, что принцесса с нетерпением ждет его на вершине Хрустальной горы.

* * *

The evening closed in, and he strained his eyes to see if he could behold the top of the mountain. It was almost pitch dark now, and only the stars lit up the Crystal Mountain.

The poor boy still clung on as if glued to the crystal by his blood-stained hands. He made no struggle to get higher, for all his strength had left him, and seeing no hope, he calmly awaited death.

Then all of a sudden he fell into a deep sleep, having forgotten his dangerous position. But even while in his dream, he had stuck his sharp claws so firmly into the crystal that he was quite safe not to fall. He had a dream, that the princess was waiting for him eagerly on the top of the Crystal Mountain.

Волшебную яблоню с золотыми яблоками, растущую перед дворцом, охранял огромный орел. Каждую ночь он облетал Хрустальную гору, тщательно осматривая ее. Когда луна вышла из-за облаков, птица поднялась с яблони и, облетая гору, заметила Павла.

Орел подлетел поближе и очень удивился, когда увидел человека, спящего вися на скале. Птица решила столкнуть непрошенного гостя вниз.

От шума крыльев Павел проснулся. Заметив орла, он решил спастись с его помощью.

* * *

The magic apple-tree with the golden apples, growing in front of the castle, was guarded by a tremendous eagle. Every night it flew round the Crystal Mountain keeping a careful look-out. When the moon emerged from the clouds, the bird rose up from the apple-tree, and circling round in the air, caught sight of sleeping Paul.

The eagle flew closer and was highly surprised when it saw a man sleeping hanged on the cliff. The bird decided to push the unwanted guest down.

The noise of the wings woke up Paul. Having noticed the eagle, he determined to save himself with the eagle's help.

Орел вонзил свои острые когти в тело Павла, но он даже не вскрикнул, и схватил обе лапы птицы своими руками. Орел в ужасе поднял его высоко в воздух и стал кружить вокруг башни замка. Павел смело держался. В свете луны он увидел сверкающий дворец с высокими окнами. В одном из них он разглядел красавицу-принцессу, погруженную в грустные мысли. Когда Павел пролетал над яблоней, он отпустил орла. Птица поднялась в воздух и исчезла в облаках, а Павел упал на широкие ветви яблони.

* * *

The eagle dug its sharp claws into the body of Paul, but he did not utter a sound, and seized the bird's two feet with his hands. The eagle in terror lifted him high up into the air and began circling around the tower of the castle. Paul held on bravely. He saw the glittering palace with the high windows in the moonlight. At one of them, he saw the beautiful Princess, steeped in sad thoughts. When Paul flew above the apple-tree, he let the eagle go. The bird rose up in the air and vanished into the clouds, and Paul fell down on to the broad branches of the apple-tree.

Павел приложил кожуру золотого яблока к своим ранам, и они зажили в одно мгновение. Затем он сорвал несколько волшебных яблок и положил их в карман. Павел подошел к замку, но неожиданно встретил еще одно препятствие на своем пути: ворота замка охранял большой и страшный дракон. Павел бросил волшебное яблоко в чудище, и оно исчезло.

В тот же миг ворота отворились, и он вошел во двор, полный цветов и красивых деревьев. На балконе сидела прекрасная принцесса.

* * *

Paul put the peel of one of the golden apples against his wounds, and in one moment they healed. Then, he picked several magic apples and put them in his pocket. Paul approached the castle, but suddenly he faced one more problem on his way: the gate of the castle was guarded by a big and scary dragon. Paul threw the magic apple at the beast, and it vanished.

At the same moment the gates opened, and he entered a courtyard full of flowers and beautiful trees. The beautiful Princess sat on a balcony.

Как только принцесса увидала Павла, она побежала к нему и сказала:

- Как долго я ждала тебя. Спасибо тебе за мое освобождение.

- Я полюбил тебя с первого взляда. Будь, пожалуйста, моей женой, - сказал Павел и протянул ей золотое яблоко.

Принцесса обняла его и ответила:

- Многие храбрые рыцари пытались спасти меня, но никому это не удалось. Я с радостью стану твоей женой.

Она отдала ему все ее богатства, и Павел стал могущественным правителем.

Они жили долго и счастливо.

* * *

As soon as she saw Paul, she ran towards him and told, "How long I was waiting for you! Thank you for my release."

"I fell in love with you from the first sight. Please marry me," said Paul and gave her the golden apple.

The Princess hugged him and answered, "Many brave knights tried to rescue me, but nobody managed to do it. I'll marry you with pleasure."

She gave him all her treasures, and Paul became a mighty ruler.

They lived long and happily ever after.

ACKNOWLEDGEMENT

I want to thank my granddaughter Christina for being my sweet inspiration in creating this book. Enjoy it!
Svetlana

Printed in Great Britain
by Amazon